# Keeping Track

of:

# Passwords

created by

# Susan Alison

# A few hints and tips

Passwords should be as strong as possible.
 'Strong' means passwords that aren't obvious, or predictable, or the same one across all your accounts.

- The longer your password is the longer it takes a hacker to crack it. Use at least 8 characters, preferably 15 to 20.
- Don't use letters and/or numbers that follow each other on your keyboard.
- Nonsense phrases using three random words are a good start.
- Use everything on the keyboard – numbers, upper- and lower-case letters, symbols.
- Avoid using your own personal details eg birthday, pet's name, city of birth etc.
- Don't use passwords you've used before. They might be compromised.
- Use unique passwords for everything.
- Keep your passwords for your private use only, and don't enter them when in sight of others.
- Change your passwords regularly, especially on more crucial accounts.

# In general:

If required to provide security questions and answers try to use information that is not easily available from your social media accounts.

Many people use a password manager. They auto-generate strong passwords for you, and store them. You just need to remember one password in order to access all of your passwords.

If you decide to use one of these do make sure to search around, read reviews, and get recommendations before you decide which one.

If you store your passwords in a file on your computer – try to make it a list of password hints rather than the actual passwords – and name the file something that doesn't make it a dead giveaway to anyone looking for such a thing.

If you store your passwords in a book such as this one, it is also a good idea to make them in a code that only you understand eg make every 'm' you use a '!' instead; mix in other letters or numbers that you know aren't essential to the password. By the time someone has worked this out you would know your book had gone missing and you could change crucial passwords.

Don't send your password via email – no one should ask you to do this.

Always log off if you leave your device where other people can see it.

Avoid entering passwords on computers that aren't your own eg at the library or in computer cafes.

Avoid entering passwords when using unsecured wi-fi connections.

Passwords can give others access to every part of your life. If you don't want others to have access, treat your passwords with that in mind and you'll be fine.

# A

Website:_____
Username:_____
Password:_____
Other info:_____
Notes:_____

Website:_____
Username:_____
Password:_____
Other info:_____
Notes:_____

Website:_____
Username:_____
Password:_____
Other info:_____
Notes:_____

Website:_____
Username:_____
Password:_____
Other info:_____
Notes:_____

Website:_____
Username:_____
Password:_____
Other info:_____
Notes:_____

Website:_____
Username:_____
Password:_____
Other info:_____
Notes:_____

Website:_____
Username:_____
Password:_____
Other info:_____
Notes:_____

Website:_____
Username:_____
Password:_____
Other info:_____
Notes:_____

Website:_____
Username:_____
Password:_____
Other info:_____
Notes:_____

Website:_____
Username:_____
Password:_____
Other info:_____
Notes:_____

Website:_____
Username:_____
Password:_____
Other info:_____
Notes:_____

Website:_____
Username:_____
Password:_____
Other info:_____
Notes:_____

Website:_____
Username:_____
Password:_____
Other info:_____
Notes:_____

Website:_____
Username:_____
Password:_____
Other info:_____
Notes:_____

Website:_____
Username:_____
Password:_____
Other info:_____
Notes:_____

# A

Website:_____
Username:_____
Password:_____
Other info:_____
Notes:_____

Website:_____
Username:_____
Password:_____
Other info:_____
Notes:_____

Website:_____
Username:_____
Password:_____
Other info:_____
Notes:_____

Website:_____
Username:_____
Password:_____
Other info:_____
Notes:_____

Website:_____
Username:_____
Password:_____
Other info:_____
Notes:_____

# B

Website:_____
Username:_____
Password:_____
Other info:_____
Notes:_____

Website:_____
Username:_____
Password:_____
Other info:_____
Notes:_____

Website:_____
Username:_____
Password:_____
Other info:_____
Notes:_____

Website:_____
Username:_____
Password:_____
Other info:_____
Notes:_____

Website:_____
Username:_____
Password:_____
Other info:_____
Notes:_____

# B

Website:_____
Username:_____
Password:_____
Other info:_____
Notes:_____

Website:_____
Username:_____
Password:_____
Other info:_____
Notes:_____

Website:_____
Username:_____
Password:_____
Other info:_____
Notes:_____

Website:_____
Username:_____
Password:_____
Other info:_____
Notes:_____

Website:_____
Username:_____
Password:_____
Other info:_____
Notes:_____

# B

Website:_____
Username:_____
Password:_____
Other info:_____
Notes:_____

Website:_____
Username:_____
Password:_____
Other info:_____
Notes:_____

Website:_____
Username:_____
Password:_____
Other info:_____
Notes:_____

Website:_____
Username:_____
Password:_____
Other info:_____
Notes:_____

Website:_____
Username:_____
Password:_____
Other info:_____
Notes:_____

# B

Website:_____
Username:_____
Password:_____
Other info:_____
Notes:_____

Website:_____
Username:_____
Password:_____
Other info:_____
Notes:_____

Website:_____
Username:_____
Password:_____
Other info:_____
Notes:_____

Website:_____
Username:_____
Password:_____
Other info:_____
Notes:_____

Website:_____
Username:_____
Password:_____
Other info:_____
Notes:_____

# C

Website:_____
Username:_____
Password:_____
Other info:_____
Notes:_____

Website:_____
Username:_____
Password:_____
Other info:_____
Notes:_____

Website:_____
Username:_____
Password:_____
Other info:_____
Notes:_____

Website:_____
Username:_____
Password:_____
Other info:_____
Notes:_____

Website:_____
Username:_____
Password:_____
Other info:_____
Notes:_____

# C

Website:_____
Username:_____
Password:_____
Other info:_____
Notes:_____

Website:_____
Username:_____
Password:_____
Other info:_____
Notes:_____

Website:_____
Username:_____
Password:_____
Other info:_____
Notes:_____

Website:_____
Username:_____
Password:_____
Other info:_____
Notes:_____

Website:_____
Username:_____
Password:_____
Other info:_____
Notes:_____

# C

Website:_____
Username:_____
Password:_____
Other info:_____
Notes:_____

Website:_____
Username:_____
Password:_____
Other info:_____
Notes:_____

Website:_____
Username:_____
Password:_____
Other info:_____
Notes:_____

Website:_____
Username:_____
Password:_____
Other info:_____
Notes:_____

Website:_____
Username:_____
Password:_____
Other info:_____
Notes:_____

# C

Website:_____
Username:_____
Password:_____
Other info:_____
Notes:_____

Website:_____
Username:_____
Password:_____
Other info:_____
Notes:_____

Website:_____
Username:_____
Password:_____
Other info:_____
Notes:_____

Website:_____
Username:_____
Password:_____
Other info:_____
Notes:_____

Website:_____
Username:_____
Password:_____
Other info:_____
Notes:_____

# D

Website:_____
Username:_____
Password:_____
Other info:_____
Notes:_____

Website:_____
Username:_____
Password:_____
Other info:_____
Notes:_____

Website:_____
Username:_____
Password:_____
Other info:_____
Notes:_____

Website:_____
Username:_____
Password:_____
Other info:_____
Notes:_____

Website:_____
Username:_____
Password:_____
Other info:_____
Notes:_____

# D

Website:_____
Username:_____
Password:_____
Other info:_____
Notes:_____

Website:_____
Username:_____
Password:_____
Other info:_____
Notes:_____

Website:_____
Username:_____
Password:_____
Other info:_____
Notes:_____

Website:_____
Username:_____
Password:_____
Other info:_____
Notes:_____

Website:_____
Username:_____
Password:_____
Other info:_____
Notes:_____

# D

Website:_____
Username:_____
Password:_____
Other info:_____
Notes:_____

Website:_____
Username:_____
Password:_____
Other info:_____
Notes:_____

Website:_____
Username:_____
Password:_____
Other info:_____
Notes:_____

Website:_____
Username:_____
Password:_____
Other info:_____
Notes:_____

Website:_____
Username:_____
Password:_____
Other info:_____
Notes:_____

# D

Website:_____
Username:_____
Password:_____
Other info:_____
Notes:_____

Website:_____
Username:_____
Password:_____
Other info:_____
Notes:_____

Website:_____
Username:_____
Password:_____
Other info:_____
Notes:_____

Website:_____
Username:_____
Password:_____
Other info:_____
Notes:_____

Website:_____
Username:_____
Password:_____
Other info:_____
Notes:_____

# E

Website:_____
Username:_____
Password:_____
Other info:_____
Notes:_____

Website:_____
Username:_____
Password:_____
Other info:_____
Notes:_____

Website:_____
Username:_____
Password:_____
Other info:_____
Notes:_____

Website:_____
Username:_____
Password:_____
Other info:_____
Notes:_____

Website:_____
Username:_____
Password:_____
Other info:_____
Notes:_____

# E

Website:_____
Username:_____
Password:_____
Other info:_____
Notes:_____

Website:_____
Username:_____
Password:_____
Other info:_____
Notes:_____

Website:_____
Username:_____
Password:_____
Other info:_____
Notes:_____

Website:_____
Username:_____
Password:_____
Other info:_____
Notes:_____

Website:_____
Username:_____
Password:_____
Other info:_____
Notes:_____

# E

Website:_____
Username:_____
Password:_____
Other info:_____
Notes:_____

Website:_____
Username:_____
Password:_____
Other info:_____
Notes:_____

Website:_____
Username:_____
Password:_____
Other info:_____
Notes:_____

Website:_____
Username:_____
Password:_____
Other info:_____
Notes:_____

Website:_____
Username:_____
Password:_____
Other info:_____
Notes:_____

# E

Website:_____
Username:_____
Password:_____
Other info:_____
Notes:_____

Website:_____
Username:_____
Password:_____
Other info:_____
Notes:_____

Website:_____
Username:_____
Password:_____
Other info:_____
Notes:_____

Website:_____
Username:_____
Password:_____
Other info:_____
Notes:_____

Website:_____
Username:_____
Password:_____
Other info:_____
Notes:_____

# F

Website:_____
Username:_____
Password:_____
Other info:_____
Notes:_____

Website:_____
Username:_____
Password:_____
Other info:_____
Notes:_____

Website:_____
Username:_____
Password:_____
Other info:_____
Notes:_____

Website:_____
Username:_____
Password:_____
Other info:_____
Notes:_____

Website:_____
Username:_____
Password:_____
Other info:_____
Notes:_____

# F

Website:_____
Username:_____
Password:_____
Other info:_____
Notes:_____

Website:_____
Username:_____
Password:_____
Other info:_____
Notes:_____

Website:_____
Username:_____
Password:_____
Other info:_____
Notes:_____

Website:_____
Username:_____
Password:_____
Other info:_____
Notes:_____

Website:_____
Username:_____
Password:_____
Other info:_____
Notes:_____

# F

Website:_____
Username:_____
Password:_____
Other info:_____
Notes:_____

Website:_____
Username:_____
Password:_____
Other info:_____
Notes:_____

Website:_____
Username:_____
Password:_____
Other info:_____
Notes:_____

Website:_____
Username:_____
Password:_____
Other info:_____
Notes:_____

Website:_____
Username:_____
Password:_____
Other info:_____
Notes:_____

# F

Website:_____
Username:_____
Password:_____
Other info:_____
Notes:_____

Website:_____
Username:_____
Password:_____
Other info:_____
Notes:_____

Website:_____
Username:_____
Password:_____
Other info:_____
Notes:_____

Website:_____
Username:_____
Password:_____
Other info:_____
Notes:_____

Website:_____
Username:_____
Password:_____
Other info:_____
Notes:_____

# G

Website:_____
Username:_____
Password:_____
Other info:_____
Notes:_____

Website:_____
Username:_____
Password:_____
Other info:_____
Notes:_____

Website:_____
Username:_____
Password:_____
Other info:_____
Notes:_____

Website:_____
Username:_____
Password:_____
Other info:_____
Notes:_____

Website:_____
Username:_____
Password:_____
Other info:_____
Notes:_____

# G

Website:_____
Username:_____
Password:_____
Other info:_____
Notes:_____

Website:_____
Username:_____
Password:_____
Other info:_____
Notes:_____

Website:_____
Username:_____
Password:_____
Other info:_____
Notes:_____

Website:_____
Username:_____
Password:_____
Other info:_____
Notes:_____

Website:_____
Username:_____
Password:_____
Other info:_____
Notes:_____

# G

Website:_____
Username:_____
Password:_____
Other info:_____
Notes:_____

Website:_____
Username:_____
Password:_____
Other info:_____
Notes:_____

Website:_____
Username:_____
Password:_____
Other info:_____
Notes:_____

Website:_____
Username:_____
Password:_____
Other info:_____
Notes:_____

Website:_____
Username:_____
Password:_____
Other info:_____
Notes:_____

# G

Website:_____
Username:_____
Password:_____
Other info:_____
Notes:_____

Website:_____
Username:_____
Password:_____
Other info:_____
Notes:_____

Website:_____
Username:_____
Password:_____
Other info:_____
Notes:_____

Website:_____
Username:_____
Password:_____
Other info:_____
Notes:_____

Website:_____
Username:_____
Password:_____
Other info:_____
Notes:_____

# H

Website:_____
Username:_____
Password:_____
Other info:_____
Notes:_____

Website:_____
Username:_____
Password:_____
Other info:_____
Notes:_____

Website:_____
Username:_____
Password:_____
Other info:_____
Notes:_____

Website:_____
Username:_____
Password:_____
Other info:_____
Notes:_____

Website:_____
Username:_____
Password:_____
Other info:_____
Notes:_____

# H

Website:_____
Username:_____
Password:_____
Other info:_____
Notes:_____

Website:_____
Username:_____
Password:_____
Other info:_____
Notes:_____

Website:_____
Username:_____
Password:_____
Other info:_____
Notes:_____

Website:_____
Username:_____
Password:_____
Other info:_____
Notes:_____

Website:_____
Username:_____
Password:_____
Other info:_____
Notes:_____

# H

Website:_____
Username:_____
Password:_____
Other info:_____
Notes:_____

Website:_____
Username:_____
Password:_____
Other info:_____
Notes:_____

Website:_____
Username:_____
Password:_____
Other info:_____
Notes:_____

Website:_____
Username:_____
Password:_____
Other info:_____
Notes:_____

Website:_____
Username:_____
Password:_____
Other info:_____
Notes:_____

# H

Website:_____
Username:_____
Password:_____
Other info:_____
Notes:_____

Website:_____
Username:_____
Password:_____
Other info:_____
Notes:_____

Website:_____
Username:_____
Password:_____
Other info:_____
Notes:_____

Website:_____
Username:_____
Password:_____
Other info:_____
Notes:_____

Website:_____
Username:_____
Password:_____
Other info:_____
Notes:_____

# I

Website:_____
Username:_____
Password:_____
Other info:_____
Notes:_____

Website:_____
Username:_____
Password:_____
Other info:_____
Notes:_____

Website:_____
Username:_____
Password:_____
Other info:_____
Notes:_____

Website:_____
Username:_____
Password:_____
Other info:_____
Notes:_____

Website:_____
Username:_____
Password:_____
Other info:_____
Notes:_____

# I

Website:_____
Username:_____
Password:_____
Other info:_____
Notes:_____

Website:_____
Username:_____
Password:_____
Other info:_____
Notes:_____

Website:_____
Username:_____
Password:_____
Other info:_____
Notes:_____

Website:_____
Username:_____
Password:_____
Other info:_____
Notes:_____

Website:_____
Username:_____
Password:_____
Other info:_____
Notes:_____

# I

Website:_____
Username:_____
Password:_____
Other info:_____
Notes:_____

Website:_____
Username:_____
Password:_____
Other info:_____
Notes:_____

Website:_____
Username:_____
Password:_____
Other info:_____
Notes:_____

Website:_____
Username:_____
Password:_____
Other info:_____
Notes:_____

Website:_____
Username:_____
Password:_____
Other info:_____
Notes:_____

# I

Website:_____
Username:_____
Password:_____
Other info:_____
Notes:_____

Website:_____
Username:_____
Password:_____
Other info:_____
Notes:_____

Website:_____
Username:_____
Password:_____
Other info:_____
Notes:_____

Website:_____
Username:_____
Password:_____
Other info:_____
Notes:_____

Website:_____
Username:_____
Password:_____
Other info:_____
Notes:_____

# J

Website:_____
Username:_____
Password:_____
Other info:_____
Notes:_____

Website:_____
Username:_____
Password:_____
Other info:_____
Notes:_____

Website:_____
Username:_____
Password:_____
Other info:_____
Notes:_____

Website:_____
Username:_____
Password:_____
Other info:_____
Notes:_____

Website:_____
Username:_____
Password:_____
Other info:_____
Notes:_____

# J

Website:_____
Username:_____
Password:_____
Other info:_____
Notes:_____

Website:_____
Username:_____
Password:_____
Other info:_____
Notes:_____

Website:_____
Username:_____
Password:_____
Other info:_____
Notes:_____

Website:_____
Username:_____
Password:_____
Other info:_____
Notes:_____

Website:_____
Username:_____
Password:_____
Other info:_____
Notes:_____

# J

Website:_____
Username:_____
Password:_____
Other info:_____
Notes:_____

Website:_____
Username:_____
Password:_____
Other info:_____
Notes:_____

Website:_____
Username:_____
Password:_____
Other info:_____
Notes:_____

Website:_____
Username:_____
Password:_____
Other info:_____
Notes:_____

Website:_____
Username:_____
Password:_____
Other info:_____
Notes:_____

# J

Website:_____
Username:_____
Password:_____
Other info:_____
Notes:_____

Website:_____
Username:_____
Password:_____
Other info:_____
Notes:_____

Website:_____
Username:_____
Password:_____
Other info:_____
Notes:_____

Website:_____
Username:_____
Password:_____
Other info:_____
Notes:_____

Website:_____
Username:_____
Password:_____
Other info:_____
Notes:_____

# K

Website:_____
Username:_____
Password:_____
Other info:_____
Notes:_____

Website:_____
Username:_____
Password:_____
Other info:_____
Notes:_____

Website:_____
Username:_____
Password:_____
Other info:_____
Notes:_____

Website:_____
Username:_____
Password:_____
Other info:_____
Notes:_____

Website:_____
Username:_____
Password:_____
Other info:_____
Notes:_____

# K

Website:_____
Username:_____
Password:_____
Other info:_____
Notes:_____

Website:_____
Username:_____
Password:_____
Other info:_____
Notes:_____

Website:_____
Username:_____
Password:_____
Other info:_____
Notes:_____

Website:_____
Username:_____
Password:_____
Other info:_____
Notes:_____

Website:_____
Username:_____
Password:_____
Other info:_____
Notes:_____

# K

Website:_____
Username:_____
Password:_____
Other info:_____
Notes:_____

Website:_____
Username:_____
Password:_____
Other info:_____
Notes:_____

Website:_____
Username:_____
Password:_____
Other info:_____
Notes:_____

Website:_____
Username:_____
Password:_____
Other info:_____
Notes:_____

Website:_____
Username:_____
Password:_____
Other info:_____
Notes:_____

# K

Website:_____
Username:_____
Password:_____
Other info:_____
Notes:_____

Website:_____
Username:_____
Password:_____
Other info:_____
Notes:_____

Website:_____
Username:_____
Password:_____
Other info:_____
Notes:_____

Website:_____
Username:_____
Password:_____
Other info:_____
Notes:_____

Website:_____
Username:_____
Password:_____
Other info:_____
Notes:_____

# L

Website:_____
Username:_____
Password:_____
Other info:_____
Notes:_____

Website:_____
Username:_____
Password:_____
Other info:_____
Notes:_____

Website:_____
Username:_____
Password:_____
Other info:_____
Notes:_____

Website:_____
Username:_____
Password:_____
Other info:_____
Notes:_____

Website:_____
Username:_____
Password:_____
Other info:_____
Notes:_____

# L

Website:_____
Username:_____
Password:_____
Other info:_____
Notes:_____

Website:_____
Username:_____
Password:_____
Other info:_____
Notes:_____

Website:_____
Username:_____
Password:_____
Other info:_____
Notes:_____

Website:_____
Username:_____
Password:_____
Other info:_____
Notes:_____

Website:_____
Username:_____
Password:_____
Other info:_____
Notes:_____

# L

Website:_____
Username:_____
Password:_____
Other info:_____
Notes:_____

Website:_____
Username:_____
Password:_____
Other info:_____
Notes:_____

Website:_____
Username:_____
Password:_____
Other info:_____
Notes:_____

Website:_____
Username:_____
Password:_____
Other info:_____
Notes:_____

Website:_____
Username:_____
Password:_____
Other info:_____
Notes:_____

# L

Website:_____
Username:_____
Password:_____
Other info:_____
Notes:_____

Website:_____
Username:_____
Password:_____
Other info:_____
Notes:_____

Website:_____
Username:_____
Password:_____
Other info:_____
Notes:_____

Website:_____
Username:_____
Password:_____
Other info:_____
Notes:_____

Website:_____
Username:_____
Password:_____
Other info:_____
Notes:_____

# M

Website:_____
Username:_____
Password:_____
Other info:_____
Notes:_____

Website:_____
Username:_____
Password:_____
Other info:_____
Notes:_____

Website:_____
Username:_____
Password:_____
Other info:_____
Notes:_____

Website:_____
Username:_____
Password:_____
Other info:_____
Notes:_____

Website:_____
Username:_____
Password:_____
Other info:_____
Notes:_____

# M

Website:_____
Username:_____
Password:_____
Other info:_____
Notes:_____

Website:_____
Username:_____
Password:_____
Other info:_____
Notes:_____

Website:_____
Username:_____
Password:_____
Other info:_____
Notes:_____

Website:_____
Username:_____
Password:_____
Other info:_____
Notes:_____

Website:_____
Username:_____
Password:_____
Other info:_____
Notes:_____

# M

Website:_____
Username:_____
Password:_____
Other info:_____
Notes:_____

Website:_____
Username:_____
Password:_____
Other info:_____
Notes:_____

Website:_____
Username:_____
Password:_____
Other info:_____
Notes:_____

Website:_____
Username:_____
Password:_____
Other info:_____
Notes:_____

Website:_____
Username:_____
Password:_____
Other info:_____
Notes:_____

# M

Website:_____
Username:_____
Password:_____
Other info:_____
Notes:_____

Website:_____
Username:_____
Password:_____
Other info:_____
Notes:_____

Website:_____
Username:_____
Password:_____
Other info:_____
Notes:_____

Website:_____
Username:_____
Password:_____
Other info:_____
Notes:_____

Website:_____
Username:_____
Password:_____
Other info:_____
Notes:_____

# N

Website:_____
Username:_____
Password:_____
Other info:_____
Notes:_____

Website:_____
Username:_____
Password:_____
Other info:_____
Notes:_____

Website:_____
Username:_____
Password:_____
Other info:_____
Notes:_____

Website:_____
Username:_____
Password:_____
Other info:_____
Notes:_____

Website:_____
Username:_____
Password:_____
Other info:_____
Notes:_____

# N

Website:_____
Username:_____
Password:_____
Other info:_____
Notes:_____

Website:_____
Username:_____
Password:_____
Other info:_____
Notes:_____

Website:_____
Username:_____
Password:_____
Other info:_____
Notes:_____

Website:_____
Username:_____
Password:_____
Other info:_____
Notes:_____

Website:_____
Username:_____
Password:_____
Other info:_____
Notes:_____

# N

Website:_____
Username:_____
Password:_____
Other info:_____
Notes:_____

Website:_____
Username:_____
Password:_____
Other info:_____
Notes:_____

Website:_____
Username:_____
Password:_____
Other info:_____
Notes:_____

Website:_____
Username:_____
Password:_____
Other info:_____
Notes:_____

Website:_____
Username:_____
Password:_____
Other info:_____
Notes:_____

# N

Website:_____
Username:_____
Password:_____
Other info:_____
Notes:_____

Website:_____
Username:_____
Password:_____
Other info:_____
Notes:_____

Website:_____
Username:_____
Password:_____
Other info:_____
Notes:_____

Website:_____
Username:_____
Password:_____
Other info:_____
Notes:_____

Website:_____
Username:_____
Password:_____
Other info:_____
Notes:_____

Website:_____
Username:_____
Password:_____
Other info:_____
Notes:_____

Website:_____
Username:_____
Password:_____
Other info:_____
Notes:_____

Website:_____
Username:_____
Password:_____
Other info:_____
Notes:_____

Website:_____
Username:_____
Password:_____
Other info:_____
Notes:_____

Website:_____
Username:_____
Password:_____
Other info:_____
Notes:_____

Website:_____
Username:_____
Password:_____
Other info:_____
Notes:_____

Website:_____
Username:_____
Password:_____
Other info:_____
Notes:_____

Website:_____
Username:_____
Password:_____
Other info:_____
Notes:_____

Website:_____
Username:_____
Password:_____
Other info:_____
Notes:_____

Website:_____
Username:_____
Password:_____
Other info:_____
Notes:_____

Website:_____
Username:_____
Password:_____
Other info:_____
Notes:_____

Website:_____
Username:_____
Password:_____
Other info:_____
Notes:_____

Website:_____
Username:_____
Password:_____
Other info:_____
Notes:_____

Website:_____
Username:_____
Password:_____
Other info:_____
Notes:_____

Website:_____
Username:_____
Password:_____
Other info:_____
Notes:_____

Website:_____
Username:_____
Password:_____
Other info:_____
Notes:_____

Website:_____
Username:_____
Password:_____
Other info:_____
Notes:_____

Website:_____
Username:_____
Password:_____
Other info:_____
Notes:_____

Website:_____
Username:_____
Password:_____
Other info:_____
Notes:_____

Website:_____
Username:_____
Password:_____
Other info:_____
Notes:_____

# p

Website:_____
Username:_____
Password:_____
Other info:_____
Notes:_____

Website:_____
Username:_____
Password:_____
Other info:_____
Notes:_____

Website:_____
Username:_____
Password:_____
Other info:_____
Notes:_____

Website:_____
Username:_____
Password:_____
Other info:_____
Notes:_____

Website:_____
Username:_____
Password:_____
Other info:_____
Notes:_____

Website:_____
Username:_____
Password:_____
Other info:_____
Notes:_____

Website:_____
Username:_____
Password:_____
Other info:_____
Notes:_____

Website:_____
Username:_____
Password:_____
Other info:_____
Notes:_____

Website:_____
Username:_____
Password:_____
Other info:_____
Notes:_____

Website:_____
Username:_____
Password:_____
Other info:_____
Notes:_____

Website:_____
Username:_____
Password:_____
Other info:_____
Notes:_____

Website:_____
Username:_____
Password:_____
Other info:_____
Notes:_____

Website:_____
Username:_____
Password:_____
Other info:_____
Notes:_____

Website:_____
Username:_____
Password:_____
Other info:_____
Notes:_____

Website:_____
Username:_____
Password:_____
Other info:_____
Notes:_____

# P

Website:_____
Username:_____
Password:_____
Other info:_____
Notes:_____

Website:_____
Username:_____
Password:_____
Other info:_____
Notes:_____

Website:_____
Username:_____
Password:_____
Other info:_____
Notes:_____

Website:_____
Username:_____
Password:_____
Other info:_____
Notes:_____

Website:_____
Username:_____
Password:_____
Other info:_____
Notes:_____

Website:_____
Username:_____
Password:_____
Other info:_____
Notes:_____

Website:_____
Username:_____
Password:_____
Other info:_____
Notes:_____

Website:_____
Username:_____
Password:_____
Other info:_____
Notes:_____

Website:_____
Username:_____
Password:_____
Other info:_____
Notes:_____

Website:_____
Username:_____
Password:_____
Other info:_____
Notes:_____

Website:_____
Username:_____
Password:_____
Other info:_____
Notes:_____

Website:_____
Username:_____
Password:_____
Other info:_____
Notes:_____

Website:_____
Username:_____
Password:_____
Other info:_____
Notes:_____

Website:_____
Username:_____
Password:_____
Other info:_____
Notes:_____

Website:_____
Username:_____
Password:_____
Other info:_____
Notes:_____

Website:_____
Username:_____
Password:_____
Other info:_____
Notes:_____

Website:_____
Username:_____
Password:_____
Other info:_____
Notes:_____

Website:_____
Username:_____
Password:_____
Other info:_____
Notes:_____

Website:_____
Username:_____
Password:_____
Other info:_____
Notes:_____

Website:_____
Username:_____
Password:_____
Other info:_____
Notes:_____

Website:_____
Username:_____
Password:_____
Other info:_____
Notes:_____

Website:_____
Username:_____
Password:_____
Other info:_____
Notes:_____

Website:_____
Username:_____
Password:_____
Other info:_____
Notes:_____

Website:_____
Username:_____
Password:_____
Other info:_____
Notes:_____

Website:_____
Username:_____
Password:_____
Other info:_____
Notes:_____

# R

Website:_____
Username:_____
Password:_____
Other info:_____
Notes:_____

Website:_____
Username:_____
Password:_____
Other info:_____
Notes:_____

Website:_____
Username:_____
Password:_____
Other info:_____
Notes:_____

Website:_____
Username:_____
Password:_____
Other info:_____
Notes:_____

Website:_____
Username:_____
Password:_____
Other info:_____
Notes:_____

# R

Website:_____
Username:_____
Password:_____
Other info:_____
Notes:_____

Website:_____
Username:_____
Password:_____
Other info:_____
Notes:_____

Website:_____
Username:_____
Password:_____
Other info:_____
Notes:_____

Website:_____
Username:_____
Password:_____
Other info:_____
Notes:_____

Website:_____
Username:_____
Password:_____
Other info:_____
Notes:_____

# R

Website:_____
Username:_____
Password:_____
Other info:_____
Notes:_____

Website:_____
Username:_____
Password:_____
Other info:_____
Notes:_____

Website:_____
Username:_____
Password:_____
Other info:_____
Notes:_____

Website:_____
Username:_____
Password:_____
Other info:_____
Notes:_____

Website:_____
Username:_____
Password:_____
Other info:_____
Notes:_____

Website:_____
Username:_____
Password:_____
Other info:_____
Notes:_____

Website:_____
Username:_____
Password:_____
Other info:_____
Notes:_____

Website:_____
Username:_____
Password:_____
Other info:_____
Notes:_____

Website:_____
Username:_____
Password:_____
Other info:_____
Notes:_____

Website:_____
Username:_____
Password:_____
Other info:_____
Notes:_____

# S

Website:_____
Username:_____
Password:_____
Other info:_____
Notes:_____

Website:_____
Username:_____
Password:_____
Other info:_____
Notes:_____

Website:_____
Username:_____
Password:_____
Other info:_____
Notes:_____

Website:_____
Username:_____
Password:_____
Other info:_____
Notes:_____

Website:_____
Username:_____
Password:_____
Other info:_____
Notes:_____

# S

Website:_____
Username:_____
Password:_____
Other info:_____
Notes:_____

Website:_____
Username:_____
Password:_____
Other info:_____
Notes:_____

Website:_____
Username:_____
Password:_____
Other info:_____
Notes:_____

Website:_____
Username:_____
Password:_____
Other info:_____
Notes:_____

Website:_____
Username:_____
Password:_____
Other info:_____
Notes:_____

# S

Website:_____
Username:_____
Password:_____
Other info:_____
Notes:_____

Website:_____
Username:_____
Password:_____
Other info:_____
Notes:_____

Website:_____
Username:_____
Password:_____
Other info:_____
Notes:_____

Website:_____
Username:_____
Password:_____
Other info:_____
Notes:_____

Website:_____
Username:_____
Password:_____
Other info:_____
Notes:_____

# S

Website:_____
Username:_____
Password:_____
Other info:_____
Notes:_____

Website:_____
Username:_____
Password:_____
Other info:_____
Notes:_____

Website:_____
Username:_____
Password:_____
Other info:_____
Notes:_____

Website:_____
Username:_____
Password:_____
Other info:_____
Notes:_____

Website:_____
Username:_____
Password:_____
Other info:_____
Notes:_____

# T

Website:_____
Username:_____
Password:_____
Other info:_____
Notes:_____

Website:_____
Username:_____
Password:_____
Other info:_____
Notes:_____

Website:_____
Username:_____
Password:_____
Other info:_____
Notes:_____

Website:_____
Username:_____
Password:_____
Other info:_____
Notes:_____

Website:_____
Username:_____
Password:_____
Other info:_____
Notes:_____

# T

Website:_____
Username:_____
Password:_____
Other info:_____
Notes:_____

Website:_____
Username:_____
Password:_____
Other info:_____
Notes:_____

Website:_____
Username:_____
Password:_____
Other info:_____
Notes:_____

Website:_____
Username:_____
Password:_____
Other info:_____
Notes:_____

Website:_____
Username:_____
Password:_____
Other info:_____
Notes:_____

# T

Website:_____
Username:_____
Password:_____
Other info:_____
Notes:_____

Website:_____
Username:_____
Password:_____
Other info:_____
Notes:_____

Website:_____
Username:_____
Password:_____
Other info:_____
Notes:_____

Website:_____
Username:_____
Password:_____
Other info:_____
Notes:_____

Website:_____
Username:_____
Password:_____
Other info:_____
Notes:_____

# T

Website:_____
Username:_____
Password:_____
Other info:_____
Notes:_____

Website:_____
Username:_____
Password:_____
Other info:_____
Notes:_____

Website:_____
Username:_____
Password:_____
Other info:_____
Notes:_____

Website:_____
Username:_____
Password:_____
Other info:_____
Notes:_____

Website:_____
Username:_____
Password:_____
Other info:_____
Notes:_____

# u

Website:_____
Username:_____
Password:_____
Other info:_____
Notes:_____

Website:_____
Username:_____
Password:_____
Other info:_____
Notes:_____

Website:_____
Username:_____
Password:_____
Other info:_____
Notes:_____

Website:_____
Username:_____
Password:_____
Other info:_____
Notes:_____

Website:_____
Username:_____
Password:_____
Other info:_____
Notes:_____

# U

Website:_____
Username:_____
Password:_____
Other info:_____
Notes:_____

Website:_____
Username:_____
Password:_____
Other info:_____
Notes:_____

Website:_____
Username:_____
Password:_____
Other info:_____
Notes:_____

Website:_____
Username:_____
Password:_____
Other info:_____
Notes:_____

Website:_____
Username:_____
Password:_____
Other info:_____
Notes:_____

# u

Website:_____
Username:_____
Password:_____
Other info:_____
Notes:_____

Website:_____
Username:_____
Password:_____
Other info:_____
Notes:_____

Website:_____
Username:_____
Password:_____
Other info:_____
Notes:_____

Website:_____
Username:_____
Password:_____
Other info:_____
Notes:_____

Website:_____
Username:_____
Password:_____
Other info:_____
Notes:_____

# U

Website:_____
Username:_____
Password:_____
Other info:_____
Notes:_____

Website:_____
Username:_____
Password:_____
Other info:_____
Notes:_____

Website:_____
Username:_____
Password:_____
Other info:_____
Notes:_____

Website:_____
Username:_____
Password:_____
Other info:_____
Notes:_____

Website:_____
Username:_____
Password:_____
Other info:_____
Notes:_____

# V

Website:_____
Username:_____
Password:_____
Other info:_____
Notes:_____

Website:_____
Username:_____
Password:_____
Other info:_____
Notes:_____

Website:_____
Username:_____
Password:_____
Other info:_____
Notes:_____

Website:_____
Username:_____
Password:_____
Other info:_____
Notes:_____

Website:_____
Username:_____
Password:_____
Other info:_____
Notes:_____

# V

Website:_____
Username:_____
Password:_____
Other info:_____
Notes:_____

Website:_____
Username:_____
Password:_____
Other info:_____
Notes:_____

Website:_____
Username:_____
Password:_____
Other info:_____
Notes:_____

Website:_____
Username:_____
Password:_____
Other info:_____
Notes:_____

Website:_____
Username:_____
Password:_____
Other info:_____
Notes:_____

# V

Website:_____
Username:_____
Password:_____
Other info:_____
Notes:_____

Website:_____
Username:_____
Password:_____
Other info:_____
Notes:_____

Website:_____
Username:_____
Password:_____
Other info:_____
Notes:_____

Website:_____
Username:_____
Password:_____
Other info:_____
Notes:_____

Website:_____
Username:_____
Password:_____
Other info:_____
Notes:_____

# V

Website:_____
Username:_____
Password:_____
Other info:_____
Notes:_____

Website:_____
Username:_____
Password:_____
Other info:_____
Notes:_____

Website:_____
Username:_____
Password:_____
Other info:_____
Notes:_____

Website:_____
Username:_____
Password:_____
Other info:_____
Notes:_____

Website:_____
Username:_____
Password:_____
Other info:_____
Notes:_____

# W

Website:_____
Username:_____
Password:_____
Other info:_____
Notes:_____

Website:_____
Username:_____
Password:_____
Other info:_____
Notes:_____

Website:_____
Username:_____
Password:_____
Other info:_____
Notes:_____

Website:_____
Username:_____
Password:_____
Other info:_____
Notes:_____

Website:_____
Username:_____
Password:_____
Other info:_____
Notes:_____

# W

Website:_____
Username:_____
Password:_____
Other info:_____
Notes:_____

Website:_____
Username:_____
Password:_____
Other info:_____
Notes:_____

Website:_____
Username:_____
Password:_____
Other info:_____
Notes:_____

Website:_____
Username:_____
Password:_____
Other info:_____
Notes:_____

Website:_____
Username:_____
Password:_____
Other info:_____
Notes:_____

# W

Website:_____
Username:_____
Password:_____
Other info:_____
Notes:_____

Website:_____
Username:_____
Password:_____
Other info:_____
Notes:_____

Website:_____
Username:_____
Password:_____
Other info:_____
Notes:_____

Website:_____
Username:_____
Password:_____
Other info:_____
Notes:_____

Website:_____
Username:_____
Password:_____
Other info:_____
Notes:_____

# W

Website:_____
Username:_____
Password:_____
Other info:_____
Notes:_____

Website:_____
Username:_____
Password:_____
Other info:_____
Notes:_____

Website:_____
Username:_____
Password:_____
Other info:_____
Notes:_____

Website:_____
Username:_____
Password:_____
Other info:_____
Notes:_____

Website:_____
Username:_____
Password:_____
Other info:_____
Notes:_____

# X

Website:_____
Username:_____
Password:_____
Other info:_____
Notes:_____

Website:_____
Username:_____
Password:_____
Other info:_____
Notes:_____

Website:_____
Username:_____
Password:_____
Other info:_____
Notes:_____

Website:_____
Username:_____
Password:_____
Other info:_____
Notes:_____

Website:_____
Username:_____
Password:_____
Other info:_____
Notes:_____

# X

Website:_____
Username:_____
Password:_____
Other info:_____
Notes:_____

Website:_____
Username:_____
Password:_____
Other info:_____
Notes:_____

Website:_____
Username:_____
Password:_____
Other info:_____
Notes:_____

Website:_____
Username:_____
Password:_____
Other info:_____
Notes:_____

Website:_____
Username:_____
Password:_____
Other info:_____
Notes:_____

# X

Website:_____
Username:_____
Password:_____
Other info:_____
Notes:_____

Website:_____
Username:_____
Password:_____
Other info:_____
Notes:_____

Website:_____
Username:_____
Password:_____
Other info:_____
Notes:_____

Website:_____
Username:_____
Password:_____
Other info:_____
Notes:_____

Website:_____
Username:_____
Password:_____
Other info:_____
Notes:_____

# X

Website:_____
Username:_____
Password:_____
Other info:_____
Notes:_____

Website:_____
Username:_____
Password:_____
Other info:_____
Notes:_____

Website:_____
Username:_____
Password:_____
Other info:_____
Notes:_____

Website:_____
Username:_____
Password:_____
Other info:_____
Notes:_____

Website:_____
Username:_____
Password:_____
Other info:_____
Notes:_____

# Y

Website:_____
Username:_____
Password:_____
Other info:_____
Notes:_____

Website:_____
Username:_____
Password:_____
Other info:_____
Notes:_____

Website:_____
Username:_____
Password:_____
Other info:_____
Notes:_____

Website:_____
Username:_____
Password:_____
Other info:_____
Notes:_____

Website:_____
Username:_____
Password:_____
Other info:_____
Notes:_____

# Y

Website:_____
Username:_____
Password:_____
Other info:_____
Notes:_____

Website:_____
Username:_____
Password:_____
Other info:_____
Notes:_____

Website:_____
Username:_____
Password:_____
Other info:_____
Notes:_____

Website:_____
Username:_____
Password:_____
Other info:_____
Notes:_____

Website:_____
Username:_____
Password:_____
Other info:_____
Notes:_____

# Y

Website:_____
Username:_____
Password:_____
Other info:_____
Notes:_____

Website:_____
Username:_____
Password:_____
Other info:_____
Notes:_____

Website:_____
Username:_____
Password:_____
Other info:_____
Notes:_____

Website:_____
Username:_____
Password:_____
Other info:_____
Notes:_____

Website:_____
Username:_____
Password:_____
Other info:_____
Notes:_____

# Y

Website:_____
Username:_____
Password:_____
Other info:_____
Notes:_____

Website:_____
Username:_____
Password:_____
Other info:_____
Notes:_____

Website:_____
Username:_____
Password:_____
Other info:_____
Notes:_____

Website:_____
Username:_____
Password:_____
Other info:_____
Notes:_____

Website:_____
Username:_____
Password:_____
Other info:_____
Notes:_____

# Z

Website:_____
Username:_____
Password:_____
Other info:_____
Notes:_____

Website:_____
Username:_____
Password:_____
Other info:_____
Notes:_____

Website:_____
Username:_____
Password:_____
Other info:_____
Notes:_____

Website:_____
Username:_____
Password:_____
Other info:_____
Notes:_____

Website:_____
Username:_____
Password:_____
Other info:_____
Notes:_____

# Z

Website:_____
Username:_____
Password:_____
Other info:_____
Notes:_____

Website:_____
Username:_____
Password:_____
Other info:_____
Notes:_____

Website:_____
Username:_____
Password:_____
Other info:_____
Notes:_____

Website:_____
Username:_____
Password:_____
Other info:_____
Notes:_____

Website:_____
Username:_____
Password:_____
Other info:_____
Notes:_____

# Z

Website:_____
Username:_____
Password:_____
Other info:_____
Notes:_____

Website:_____
Username:_____
Password:_____
Other info:_____
Notes:_____

Website:_____
Username:_____
Password:_____
Other info:_____
Notes:_____

Website:_____
Username:_____
Password:_____
Other info:_____
Notes:_____

Website:_____
Username:_____
Password:_____
Other info:_____
Notes:_____

# Z

Website:_____
Username:_____
Password:_____
Other info:_____
Notes:_____

Website:_____
Username:_____
Password:_____
Other info:_____
Notes:_____

Website:_____
Username:_____
Password:_____
Other info:_____
Notes:_____

Website:_____
Username:_____
Password:_____
Other info:_____
Notes:_____

Website:_____
Username:_____
Password:_____
Other info:_____
Notes:_____

Website:_____
Username:_____
Password:_____
Other info:_____
Notes:_____


Website:_____
Username:_____
Password:_____
Other info:_____
Notes:_____


Website:_____
Username:_____
Password:_____
Other info:_____
Notes:_____


Website:_____
Username:_____
Password:_____
Other info:_____
Notes:_____


Website:_____
Username:_____
Password:_____
Other info:_____
Notes:_____

Website:_____
Username:_____
Password:_____
Other info:_____
Notes:_____


Website:_____
Username:_____
Password:_____
Other info:_____
Notes:_____


Website:_____
Username:_____
Password:_____
Other info:_____
Notes:_____


Website:_____
Username:_____
Password:_____
Other info:_____
Notes:_____


Website:_____
Username:_____
Password:_____
Other info:_____
Notes:_____

Website:_____
Username:_____
Password:_____
Other info:_____
Notes:_____

Website:_____
Username:_____
Password:_____
Other info:_____
Notes:_____

Website:_____
Username:_____
Password:_____
Other info:_____
Notes:_____

Website:_____
Username:_____
Password:_____
Other info:_____
Notes:_____

Website:_____
Username:_____
Password:_____
Other info:_____
Notes:_____

Website:_____
Username:_____
Password:_____
Other info:_____
Notes:_____


Website:_____
Username:_____
Password:_____
Other info:_____
Notes:_____


Website:_____
Username:_____
Password:_____
Other info:_____
Notes:_____


Website:_____
Username:_____
Password:_____
Other info:_____
Notes:_____


Website:_____
Username:_____
Password:_____
Other info:_____
Notes:_____

Copyright © 2019 Susan Alison
All rights reserved.

The right of Susan Alison to be identified as the Creator of the Work has been asserted by her in accordance with the Copyright, Designs and Patents Act 1988.

First published in 2019 by Michael Villa Press

Apart from any use permitted under UK copyright law, this publication may only be reproduced, stored, or transmitted, in any way, shape or form, or by any means, with prior permission in writing of the artist/author, or in the case of reprographic production, in accordance with the terms of the licences issued by the Copyright Licensing Agency.

The designs and patterns in this book are for personal use only. Uncoloured pages, or part thereof, may not be reproduced for commercial use in any way, shape or form
without written permission from the artist.

ISBN-13: 9781078343725

See artwork and books at www.SusanAlison.com;
or @bordercollies on Twitter
or search for Susan Alison (one 'L') on Facebook.

*Also by Susan Alison and available now...*

### Colouring Books – traditional line art:
Corgis Rule!; Corgis Rule Again!
Carousing Cats!; Brilliant Border Collies!
Great Greyhounds & Wonderful Whippets
Christmas Canines

### Colouring Books - greyscale:
Corgis : One; Corgis : Two
Border Collies : One
Greyhounds and Whippets : One
Cats and Kittens : One

### Urban Fantasy Novels:
Hounds Abroad, Book One: The Lost World
Hounds Abroad, Book Two: World Walker

KATIE FFORDE: *"Magical! Full of warmth and humour."*

### Romantic Comedies:
White Lies and Custard Creams; All His Own Hair
Out from Under the Polar Bear; New Year, New Hero

JILL MANSELL: *"Susan Alison has written a lovely, quirky romp packed with off-the-wall characters - original, intriguing and great fun!"*

### Illustrated Doggerel:
**The Corgi Games**
**Woofs of Wisdom on Writing**

### Illustrated Short Stories:
**Sweet Peas & Dahlias (& others)**

### Books in Large Print:
'Sweet Peas & Dahlias' short stories
Notebook with widely spaced, bold black lines
Undated diary
Word Search – the Natural World
Sudoku – four levels of difficulty
Word Search – the 48 counties of England

### Notebooks:
**Blank sheet music – Musicians' notebook – Basset Hound playing violin**
**Notebook for doodling and for writing: half blank, half ruled pages**
Notebook for low vision with bold black lines
Undated diary in large print
Hexagonal paper, dotted paper, and graph paper notebooks
Blank comic strips and/or graphic novel templates
Knitting pattern graph paper notebooks
Music review journal
\* \* \* \* \*

See artwork and books at www.SusanAlison.com; or @bordercollies on Twitter, or search for Susan Alison (one 'L') on Facebook.
\* \* \* \* \*

www.ingramcontent.com/pod-product-compliance
Lightning Source LLC
Chambersburg PA
CBHW021829170526
45157CB00007B/2739